Roman Pilipchuk

Konzept zur Erkennung und Prävention von Browser-Fingerprinting

Roman Pilipchuk

Konzept zur Erkennung und Prävention von Browser-Fingerprinting

und die Realisierung als Chrome-Erweiterung

AV Akademikerverlag

Impressum / Imprint

Bibliografische Information der Deutschen Nationalbibliothek: Die Deutsche Nationalbibliothek verzeichnet diese Publikation in der Deutschen Nationalbibliografie; detaillierte bibliografische Daten sind im Internet über http://dnb.d-nb.de abrufbar.

Alle in diesem Buch genannten Marken und Produktnamen unterliegen warenzeichen-, marken- oder patentrechtlichem Schutz bzw. sind Warenzeichen oder eingetragene Warenzeichen der jeweiligen Inhaber. Die Wiedergabe von Marken, Produktnamen, Gebrauchsnamen, Handelsnamen, Warenbezeichnungen u.s.w. in diesem Werk berechtigt auch ohne besondere Kennzeichnung nicht zu der Annahme, dass solche Namen im Sinne der Warenzeichen- und Markenschutzgesetzgebung als frei zu betrachten wären und daher von jedermann benutzt werden dürften.

Bibliographic information published by the Deutsche Nationalbibliothek: The Deutsche Nationalbibliothek lists this publication in the Deutsche Nationalbibliografie; detailed bibliographic data are available in the Internet at http://dnb.d-nb.de.

Any brand names and product names mentioned in this book are subject to trademark, brand or patent protection and are trademarks or registered trademarks of their respective holders. The use of brand names, product names, common names, trade names, product descriptions etc. even without a particular marking in this works is in no way to be construed to mean that such names may be regarded as unrestricted in respect of trademark and brand protection legislation and could thus be used by anyone.

Coverbild / Cover image: www.ingimage.com

Verlag / Publisher:
AV Akademikerverlag
ist ein Imprint der / is a trademark of
OmniScriptum GmbH & Co. KG
Heinrich-Böcking-Str. 6-8, 66121 Saarbrücken, Deutschland / Germany
Email: info@akademikerverlag.de

Herstellung: siehe letzte Seite /
Printed at: see last page
ISBN: 978-3-639-67802-4

INHALTSVERZEICHNIS

1 Einleitung

Nachfolgend wird die Problemstellung und Gründe für deren Lösung präsentiert. Dabei wird erklärt warum Privatsphäre im Internet wichtig ist und welche Nachteile der Verlust dieser nach sich zieht. Zur besseren Veranschaulichung wird außerdem der Aufbau dieser Arbeit präsentiert.

1.1 Problemstellung

Große Unternehmen und Firmen versprechen sich viele Vorteile davon Kunden zu beobachten und anschließend Benutzerprofile zu erstellen. Nicht nur im realen Leben wird das Verhalten von Personen beobachtet, analysiert und klassifiziert, auch im Internet wird dies praktiziert. So werden vollständige Benutzerprofile mit Namen, Adressen, Hobbys und Freundeslisten erstellt [13]. Dies ist möglich durch die Kombination von Surfverhalten eines Internetnutzers und den Informationen aus sozialen Netzwerken. Das Problem hier ist, dass soziale Netzwerke teilweise absichtlich Methoden bereitstellen, durch die Informationen nach außen gelangen können [13]. Somit haben Unternehmen die Möglichkeit richtige Identitäten zu ihren Benutzerprofilen zuzuordnen. Aus den Analysen des Surfverhaltens können sie so ihre Webseiten, ihr Produktangebot und ihre Werbung zielgerichteter optimieren. So versuchen sie zum Beispiel Internetnutzer bereits beim Betreten ihrer Webshops unterbewusst so zu lenken, dass diese etwas kaufen. Das Problem ist, dass die Internetnutzer nicht selbst entscheiden können wann und wo man ihr Surfverhalten beobachten darf. Sie haben lediglich die Option, durch Browser-Erweiterungen aktiv dagegen vorzugehen. Durch diese können sie zum Beispiel den kommerziellen Tracking-Diensten das Erstellen von Benutzerprofilen erschweren. Leider wissen nicht alle Internetnutzer Bescheid, dass ihr Surfverhalten beobachtet werden kann. Doch auch diejenigen, die spezielle Browser-Erweiterungen und Browser-Einstellungen zum Schutz ihrer Privatsphäre nutzen, haben keine hundert prozentige Garantie auf Erfolg. Denn vielen dieser Nutzer sind zwar die klassischen Tracking-Methoden bekannt, aber nur wenige unter ihnen kennen auch die Fingerprinting-Methoden. Diese sind sehr aktuell und erschweren es dem Internetnutzer zusätzlich seine Privatsphäre zu schützen. Im Gegensatz zum klassischen Tracking ist Browser-Fingerprinting gar nicht erkennbar [6]. Man kann also nicht erkennen ob eine Webseite von seinem eigenen System einen Fingerprint angefertigt hat oder nicht. Beim Browser-Fingerprinting werden mittels JavaScript und Flash spezielle Browser-einstellungen ausgelesen. Durch die Individualität dieser, kann der Webbrowser im Internet eindeutig identifiziert werden und es ist somit möglich das Surfverhalten von Internetnutzern zu verfolgen. Aktuell gibt es so gut wie keine guten und umfassenden Gegenmaßnahmen mit denen sich die Internetnutzer davor schützen können. Es erscheint also notwendig alle Nutzer aufzuklären und für sie hilfreiche Gegenmaßnahmen bereitzustellen.

1.2 Motivation

Durch die Einschränkung der Privatsphäre und der informationellen Selbstbestimmung können für Internetnutzer viele Probleme entstehen. Da kaum mehr anonymes Surfen möglich ist, verliert der Internetnutzer so die Mittel sich anonym über Themen oder Probleme zu informieren. Es ist nicht nur ein Nachteil für Nutzer von Beratungsportalen und Foren, sondern auch für die Betreiber dieser Portale und Foren. Ein Rückgang der Nutzer könnte das Aus für diese bedeuten. Durch zunehmende Personalisierung der Benutzerprofile wird man im Internet förmlich ausspioniert. In diesen Profilen können private oder sensible Daten enthalten sein, die eigentlich niemandem außerhalb bekannt sein sollten. Da der Internetnutzer selbst keine Kontrolle darüber hat was mit seinen Daten passiert, kann er auch nichts dagegen unternehmen, wenn diese öffentlich bekannt oder gar gegen ihn verwendet werden. So entstehen vielfältige Möglichkeiten zum Missbrauch vor denen sich der Internetnutzer fürchten muss. Aus diesen Gründen erörtert diese Arbeit in wie fern Browser-Fingerprinting tatsächlich einsetzbar ist, um den Internetnutzer eindeutig zu identifizieren und welche Maßnahmen zum Schutz entwickelt werden können. Hierfür wurde explizit eine Prototyperweiterung für Chrome entwickelt die einige dieser Gegenmaßnahmen erfolgreich implementiert. Der Internetnutzer hat so die Möglichkeit spezielle Browser-Merkmale zu manipulieren, sodass Webseiten falsche Informationen erhalten und infolgedessen den Internetnutzer nicht mehr eindeutig identifizieren können. So kann der Internetnutzer zum Beispiel Browser-Merkmale manuell anpassen oder randomisieren. Weiterhin werden einige Resultate der implementierten Gegenmaßnahmen präsentiert und beschrieben welche weiteren Entwicklungen möglich sind.

1.3 Aufbau der Arbeit

Zuallererst wird in Kapitel 2 eine Einführung in das Thema Browser-Tracking präsentiert. Hier werden zuerst die Vorteile der Privatsphäre im Internet und die resultierenden Probleme bei Verlust dieser erklärt. Anschließend wird erläutert, was klassisches Browser-Tracking ist und welche Möglichkeiten es gibt den Browser eindeutig zu identifizieren und somit das Surfverhalten eines Internetnutzers zu verfolgen. Danach wird dem klassischen Browser-Tracking das Browser-Fingerprinting gegenübergestellt und erklärt auf welche Weise man hier den Browser identifiziert. Kapitel 3 behandelt anschließend die existierenden Ansätze zum Thema Browser-Fingerprinting. Hier wird zuerst das Projekt Panopticlick im Detail behandelt und anschließend einige Erweiterungen präsentiert, die die Privatsphäre des Internetnutzers schützen sollen. In Kapitel 4 wird die Chrome-Erweiterung Fingerless vorgestellt, die Methoden bereitstellt, mit denen man sich vor Browser-Fingerprinting schützen kann. Hier wird das Konzept und die integrierten Gegenmaßnahmen erklärt und anschließend eine kleine Evaluation präsentiert. Im letzten Kapitel wird ein Fazit zum Thema Browser-Fingerprinting gezogen und ein Ausblick für mögliche Weiterentwicklungen der Erweiterung Fingerless vorgestellt.

2 Browser-Tracking

Browser-Tracking ist das Verfolgen des Surfverhaltens von Internetnutzern über verschiedene Webseiten hinweg. Anschließend können aus den so gesammelten Daten Benutzerprofile erstellen werden. Das Verfolgen der Internetnutzer geschieht dabei auf vielfältige Art und Weise und kann in Form von Cookies, Flash, Java oder JavaScript in die Webseiten eingebunden werden. Diese Möglichkeiten schränken die Privatsphäre der Internetnutzer stark ein. Um dieses Problem besser zu verstehen wird nachfolgend die Funktionsweise vom klassischen Browser-Tracking und Browser-Fingerprinting erklärt.

2.1 Privatsphäre im Internet

Aufgrund der diversen Methoden, Personen im Internet zu verfolgen, wird die Privatsphäre der Internetnutzer stark eingeschränkt. Drittbieter wie Werbepartner oder Statistikdienste können durch ihre weite Verbreitung das Surfverhalten vieler Internetnutzer analysieren [17]. Geht ein Internetnutzer zum Beispiel von einer Webseite auf eine andere, auf denen der selbe Drittanbieter integriert ist, braucht dieser den Internetnutzer nur noch eindeutig zu identifizieren um diesen zu verfolgen. Unter Einsatz von klassischem Browser-Tracking und Browser-Fingerprinting können Internetnutzer so eindeutig identifiziert werden. Diese sogenannten Tracking-Dienste verfolgen Internetnutzer anschließend über verscheiden Webseiten hinweg und können das Surfverhalten analysieren. Dies hat zur Konsequenz, dass ganze Benutzerprofile erstellt werden können. Mit zusätzlichen Informationen die aus Sozialen Netzwerken gewonnen werden, hat man sogar die Möglichkeit richtige Identitäten zu diesen Benutzerprofilen zuzuordnen [13]. So enthalten diese sensible und private Informationen über Hobbys, finanzielle Probleme, politische Einstellung oder gar Angaben über gesundheitliche Probleme. Dies sind alles Daten die der Nutzer möglichst vertraulich behandeln will, doch er hat nicht die Wahl zu entscheiden, wann und wo er verfolgt wird und was er somit preisgibt. Somit müssen Internetnutzer, die ihre Privatsphäre schützen wollen, eigenständig gegen Browser-Tracking vorgehen. Eine Möglichkeit hierfür ist der Einsatz von Browser-Erweiterungen, die die eindeutige Identifizierung des Browser verhindern sollen. Im Bereich des klassischen Browser-Tracking gibt es so schon zahlreiche Entwicklungen, aber im aktuelleren Bereich des Browser-Fingerprinting ist die Auswahl noch sehr gering. Weitere Maßnahmen wären zum Beispiel das Deaktivieren von JavaScript und Flash im Browser, was allerdings zu Funktionseinschränkungen auf vielen modernen Webseiten führen würde und somit keine zufriedenstellende Option bietet. Für den Internetnutzer entstehen so viele Unannehmlichkeiten, da er einerseits keine einfachen und hundertprozentigen Mittel hat sich vor Browser-Tracking zu schützen und andererseits seine Privatsphäre einbüßen muss.

2.2 Klassisches Browser-Tracking

Beim klassischen Browser-Tracking wird auf dem Computer eine eindeutige ID hinterlassen. Diese bleibt im Normalfall solange auf dem System gespeichert, bis der Internetnutzer sie selbstständig entfernt. Anhand dieser ID können Tracking-Dienste einen Computer und somit auch den Internetnutzer wiedererkennen und über Webseiten hinweg verfolgen. Die diversen Methoden, die es gibt um solche ID's zu hinterlassen, unterscheiden sich lediglich darin an welcher Stelle diese im System gespeichert werden. Da dieses Thema nicht Teil der eigentlichen Arbeit ist, werden hier nur die wichtigsten Arten von klassischem Browser-Tracking in abgekürzter Form behandelt.

Cookies

Klassische Cookies haben Ursprünglich den Sinn gehabt das zustandslose HTTP-Protokoll so zu erweitern, dass eine zustandsbehaftete HTTP-Sitzung emuliert werden konnte [14]. Hierfür wird vom Server ein Cookie im Browser hinterlassen, dass diesen zum Beispiel anhand einer Nummer eindeutig identifiziert. Bei jedem weiteren HTTP-Zugriff kann der Server dieses Cookie abfragen und erhält so die eindeutige Nummer. Diese verwendet er anschließend dafür, um den aktuellen HTTP-Zugriff mit der richtigen HTTP-Sitzung zu verbinden. Im Normalfall sollte das Cookie am Ende der Sitzung vom Browser gelöscht werden. Speichert man nun wie zuvor eine eindeutige ID in einem Cookie ab, setzt jedoch das Ablaufdatum des Cookies auf einen maximalen Wert, erhält man eine Möglichkeit den Internetnutzer über Jahre hinweg eindeutig zu identifizieren [14].

7

Cookies von Drittanbietern

Cookies von Drittanbietern werden durch externe Inhalte einer Webseite gesetzt und gehören zu einer anderen Domain. Solche Inhalte können zum Beispiel Werbebanner oder Zählpixel sein und werden von Seitenbetreibern integriert. Der Seitenbetreiber verspricht sich so Geld aus den Werbebannern und eine Statistik zu seiner Seite aus dem Zählpixel. Diese Inhalte, die zu Werbepartnern und Statistikdiensten gehören haben ihrerseits die Möglichkeit Cookies zu setzten, die den Internetnutzer eindeutig identifizieren. Surft ein Internetnutzer nun über mehrere Webseiten, die den selben Werbepartner oder Statistikdienst integriert haben, können diese den Internetnutzer verfolgen und somit Daten über ihn sammeln [14].

Flash Local Shared Objects

Flash Local Shared Objects, auch Flash Cookies genannt, funktionieren nach einem ähnlichen Prinzip wie die normalen Cookies. Hier wird durch die Flash-Erweiterung im Browser ein Local Shared Object auf dem System hinterlassen, welches eine eindeutige ID enthält. Der Server kann seinerseits diese Information durch die Flash-Erweiterung abfragen. Im Gegensatz zu normalen Cookies sind Flash Cookies nicht auf 4KB begrenzt und können ohne Nutzerzustimmung bis zu 100Kb groß werden. Dies bietet den Vorteil, dass mehr benutzerspezifische Informationen und längere ID's hinterlassen werden können. Weiterhin funktionieren Flash Cookies browserübergreifend. Hierzu muss jedoch in den anderen Browsern die Flash-Erweiterung ebenfalls installiert sein. Doch das größte Problem für den Internetnutzer stellt das entkoppelte Verhalten vom Cookie-Management des Browsers dar. Ohne weitere Hilfsmittel ist es somit kompliziert Flash-Cookies zu verwalten oder zu löschen [18].

DOM Storage Cookies

Die DOM Storage bietet Webanwendungen die Möglichkeit Daten im Browser Session-spezifisch oder persistent zu speichern. Auch hier wurde die persistente Speicherung dazu missbraucht, um Browser-Tracking zu ermöglichen. Hierbei wird eine eindeutige ID im DOM Storage hinterlassen. Diese wird auf der Festplatte gespeichert und kann von der dazugehörigen Webseite abgefragt oder verändert werden. Eine so hinterlassene ID wird häufig auch Supercookie genannt.

Microsoft hat einen eigenen Gegenentwurf zur DOM Storage mit dem Namen userData entwickelt. Die Funktionsweise ist ähnlich, allerdings hat man über die Verwaltung des Browsers lediglich die Möglichkeit die hinterlegten Einträge zu löschen. Somit ist es auch in der userData möglich eindeutig identifizierende Cookies zu hinterlassen.

Zombie Cookies

Zombie Cookies werden klassische Browser-Tracking-Methoden genannt, die dazu verwendet werden gelöschte Cookies wiederherzustellen. Hierbei wird eine Menge von verschiedenen Methoden eingesetzt (unter anderem auch DOM Storage, Cookies und Flash Cookies), um bei dem Internetnutzer an verschiedenen Stellen außerhalb des Browsers eindeutige ID's zu hinterlassen. Sollte der Internetnutzer nun die normalen Cookies oder einen Teil der gespeicherten ID's löschen, werden diese anhand der übriggebliebenen Informationen wiederhergestellt. Ein Beispiel hierfür ist die JavaScript-basierte Applikation Evercookie [11].

2.3 Browser-Fingerprinting

Im Gegensatz zum klassischen Browser-Tracking, das durch eindeutig hinterlassene Information im Browser, diesen identifiziert, versucht Browser-Fingerprinting den Browser anhand seiner Einzigartigkeit wiederzuerkennen. Dazu werden einige Merkmale des Browsers benutzt, die dieser bei jedem Seitenaufruf zum Server schickt (User Agent, HTTP Accept Headers) oder die mittels JavaScript oder Flash abgefragt werden können (Schriftarten, Plugins, etc.). Diese Browser-Merkmale unterscheiden sich in den verschiedenen Browser Arten und Versionen voneinander. Außerdem werden sie durch die persönliche Anpassung des Browsers an den Nutzer noch einzigartiger.

Mit Hilfe des mathematischen Konzepts der Entropie, kann man die Einzigartigkeit eines Browser-Merkmals berechnen. Nimmt man so ein oder mehrere Browser-Merkmale zusammen, wird auch der Browser einzigartig und kann somit unter einer Menge anderer Browser wiedererkannt werden. Das mathematische Konzept der Entropie sagt uns wie viel Information ein Browser-Merkmal über die eigene Identität besitzt und drückt diese in Bit aus. Dabei verdoppelt jedes Bit an Information die Anzahl der Möglichkeiten, die eindeutig erkannt werden können. Somit hat ein Browser-Merkmal mit $10Bit$ an Information 1024 verschiedenen Möglichkeiten. Jede dieser Möglichkeiten wird von allen anderen eindeutig unterschieden. Ein Browser-Merkmal mit $11 Bit$ identifiziert bereits eine aus 2048 verschiedenen Möglichkeiten eindeutig. Da ein Browser mehrere Merkmale besitzt, kann man zu jeder die Entropie berechnen. Verrechnet man nun diese Entropien miteinander, kann so die Entropie des Browsers errechnet werden. Leider sind die verschiedenen Browser-Merkmale beim Browser-Fingerprinting fast nie statistisch unabhängig, sodass die Entropien nicht einfach zusammenaddiert werden dürfen. Stattdessen müssen die Entropien nach den Regeln der konditionalen Wahrscheinlichkeit verrechnet werden, was zu kleineren Zahlen führt als wenn diese statistisch unabhängig wären. Unter der Annahme, dass jeder in der Weltbevölkerung genau eine Surfumgebung besitzt, bräuchte man so exemplarische eine Entropie von $E = -\log_2(\frac{1}{7*10^9}) \approx 32,70 Bit$, um jede davon eindeutig identifizieren zu können. So erkennt man schnell, dass bereits durch das ausschließliche Benutzten von Browser-Fingerprinting die meisten Browser eindeutig identifiziert werden können, da eine Entropie von $32,70 Bit$ schnell erreicht werden kann.

Ein anderer Einsatzbereich des Browser-Fingerprinting liegt darin das klassische Browser-Tracking zu verbessern. Da Heutzutage viele Internetnutzer ihre Cookies in regelmäßigen Abständen löschen oder ein strengeres Cookie-Management benutzten, fällt es den Tracking-Diensten immer schwerer den Internetnutzer mit seinem Benutzerprofil zu verbinden. Nach dem löschen aller Cookies kann das Browser-Fingerprinting zum Beispiel dafür verwendet werden die alten Daten trotzdem mit dem Internetnutzer in Verbindung zu bringen. Unter Zuhilfenahme der IP-Adresse reichen in einem solchen Fall bereits $15-20 Bit$ an Information aus, um den Browser wieder zu dem richtigen Benutzerprofil zuzuordnen. Diese Methode kann außerdem als eine Art Zombie Cookie verwendet werden, um die alten Cookies im Browser wiederherzustellen.

Ein wichtiger Punkt bei der Betrachtung von Browser-Fingerprinting ist die Frage nach der Stabilität des Fingerprints. Ereignisse wie Browser Updates, Updates von Erweiterungen, das An- und Ausstellen von Cookies, die Installation von neuen Schriftarten oder das Anschließen eines externen Monitors können die Merkmale des Browser verändern. Im Projekt Panopticlick der EFF (Electronic Frontier Foundation) wurden dazu einige Informationen gesammelt, die zeigen, dass trotz Veränderungen im Fingerprint die Browser dennoch, anhand eines simplen heuristischen Algorithmus, wiedererkannt werden können [6].

Ein großes Problem, dass für den Internetnutzer aus der Natur des Browser-Fingerprinting entsteht, ist, dass dieser keine Möglichkeit hat festzustellen wann und wo von ihm ein Fingerprint erstellt wurde. Während beim klassischen Browser-Tracking Informationen auf dem System hinterlassen werden, die der Internetnutzer finden kann, hinterlässt das Browser-Fingerprinting keine Spuren auf dem System. Nicht einmal das Erkennen, ob eine Seite aktuell einen Fingerprint anfertigt oder nicht, ist möglich, da für diesen Informationen verwendet werden, die der Browser entweder immer an den Server sendet, die also auch wichtig für das korrekte Anzeigen der Webseite sind, oder die legitim durch JavaScript oder Flash abgefragt werden können. Somit ist Browser-Fingerprinting eine neue Entwicklung im Bereich Browser-Tracking, die dem Internetnutzer die Verteidigung seiner Privatsphäre zusätzlich erschwert.

3 Existierende Ansätze

In den folgenden Kapiteln wird zuerst ein Ansatz namens Panopticlick präsentiert, der für Untersuchungszwecke einige Browser-Fingerprinting-Methoden implementiert. Danach werden weitere mögliche Browser-Fingerprinting-Methoden erläutert, die während der Entwicklung der Chrome-Erweiterung Fingerless erarbeitet wurden. Anschließend werden einige bestehende Erweiterungen präsentiert, die zum Schutz vor Browser-Fingerprinting eingesetzt werden können. Dabei werden alle nachfolgenden Informationen ausschließlich unter Einsatz eines Chrome Browsers betrachtet.

3.1 Panopticlick

Panopticlick ist ein Projekt der nichtstaatlichen amerikanischen Datenschutzorganisation EFF in dem die Eindeutigkeit von Browser-Fingerprinting untersucht wird. Seit Januar 2010 wurde hierfür eine Webseite (http://panopticlick.eff.org) erstellt, die das Generieren eines Fingerprints des eigenen Browsers ermöglicht. Einerseits können Internetnutzer so ihren eigenen Fingerprint mit bisher gesammelten Werten vergleichen und erfahren so mehr über das Thema, andererseits ermöglicht es dem Projekt Daten zu sammeln, um die Forschung auf diesem Gebiet voran zu treiben. Bei der letzten Auswertung und Veröffentlichung der Daten wurden so insgesamt 1043426 Browser-Fingerprints gesammelt [6]. Um sich vor doppelten Browser-Fingerprints zu schützen, weil diese die Auswertungen verfälschen würden, wurden alle gesammelten Daten einer Vorverarbeitung unterzogen, bevor die eigentliche Auswertung begann. Doppelte Browser-Fingerprints entstehen nämlich dann, wenn der Internetnutzer bei einem erneuten Besuch der Webseite seine Cookies blockiert, limitiert oder diese auslaufen lässt. Um dem Problem nun vorzubeugen nahmen die Entwickler von Panopticlick an, dass alle Browser-Fingerprints mit der selben IP-Adresse auch vom selben Browser stammten. Die Einzige Ausnahme von dieser Regel war, wenn sich die Cookies überlappten. Cookies überlappen sich genau dann, wenn die selbe IP-Adresse mit selbem Browser-Fingerprint erst mit einem Cookie A, dann mit einem Cookie B und anschließend wieder mit einem Cookie A beobachtet wurde. Solche Vorkommnisse kamen 2585 mal (3, 5%) in den Daten vor und wurden folglich als unterschiedlich angesehen. Nach der Vorverarbeitung reduzierten sich die gesammelten Daten auf 470161

Browser-Fingerprints.

Your browser fingerprint **appears to be unique** among the 2,380,161 tested so far.

Currently, we estimate that your browser has a fingerprint that conveys **at least 21.18 bits of identifying information.**

The measurements we used to obtain this result are listed below. You can read more about our methodology, statistical results, and some defenses against fingerprinting in this article.

Help us increase our sample size:

Browser Characteristic	bits of identifying information	one in x browsers have this value	value
User Agent	12.54	5950.4	Mozilla/5.0 (Windows NT 6.1; WOW64) AppleWebKit/537.1 (KHTML, like Gecko) Chrome/21.
HTTP_ACCEPT Headers	13.03	8380.85	text/html, */* ISO-8859-1,utf-8,q=0.7,*;q=0.3 gzip,deflate,sdch de,en,q=
Browser Plugin Details	14.21	16890.17	Plugin 0: Adobe Acrobat; Adobe PDF Plug-In For Firefox and Netscape 10.1.4; nppdf32.dll; (Acrobat Portable Document Format; application/pdf; pdf) (Adobe PDF in XML Format; application/v application/vnd.fdf; fdf) (XML Version of Acrobat Forms Data Format; application/vnd.adobe.xfdf; xfdf) (Acrobat XML Data Package; application/vnd.adobe.xdp+xml; xdp) (Adobe FormFlow99 Da vnd.google.update3webcontrol.3;) (; application/x-vnd.google.oneclickctrl.9;). Plugin 2: Java Deployment Toolkit 7.0.40.255; NPRuntime Script Plug-in Library for Java(TM) Deploy; npDeployJav Mozilla browsers; npjp2.dll; (Java Applet; application/x-java-applet;) (JavaBeans; application/x-java-bean;) (; application/x-java-vm;) (; application/x-java-applet;version=1.1.1;) (; application/x-jav applet;version=1.2;) (; application/x-java-applet;version=1.2;) (; application/x-java-applet;version=1.1.3;) (; application/x-java-bean;version=1.1.3;) (; application/x-java-applet;version=1.1.2;) (; application/x-java-applet;version=1.2.2;) (; application/x-java-bean;version=1.2.1;) (; application/x-java-applet;version=1.2.1;) (; application/x-java-app bean;version=1.4;) (; application/x-java-applet;version=1.4.1;) (; application/x-java-bean;version=1.4.1;) (; application/x-java-applet;version=1.4.2;) (; application/x-java-bean;version=1.4.2;) (; application/x-java-applet;version=1.6;) (; application/x-java-bean;version=1.7;) (; application/x-java-bean;version=1.7;) (; application/x-java-bean;gi-version=1.7.0_04;) (; application/x-java-bean NPAPI browsers; NPAUTHZ.DLL; (14.0.4730.1010; application/x-macffice14; *). Plugin 5: Microsoft Office 2010; The plug-in allows you to open and edit files using Microsoft Office a ppGoogleNaClPluginChrome.dll; (Native Client Executable; application/x-nacl; nexe). Plugin 7: Remoting Viewer; ; internal-remoting-viewer; (; application/vnd.chromium.remoting-viewer;). Plugin (FutureSplash movie; application/futuresplash; spl). Plugin 9: Shockwave Flash; Shockwave Flash 11.3 r300; gcswf32.dll; (Adobe Flash movie; application/x-shockwave-flash; swf) (FutureSplash Flash; application/x-shockwave-flash; swf) (FutureSplash Player; application/futuresplash; spl). Plugin 11: Silverlight Plug-In; 4.1.10329.0; npctrl.dll; (npctrl; application/x-silverlight; scr) (; applica application/x-wlpg3-detect; wlpg) (Windows Live Photo Gallery; application/x-wlpg-detect; wlpg). Plugin 13: iTunes Application Detector; iTunes Detector Plug-in; npitunes.dll; (This plug-in d
Time Zone	2.78	6.85	-120

Abbildung 1: Zeigt einen Ausschnitt der Webseite von Panopticlick

Der eigentliche Fingerprint wird dabei aus acht Methoden gebildet. Wie man aus Abbildung 1 erkennen kann, wird zu jeder Methode die Entropie in Bit und die daraus resultierende Einzigartigkeit berechnet. Jede Zeile steht hierbei für eine neue Methode. Die erste Zeile steht für die Methode, bei der der User Agent untersucht wird. In den nebenstehenden Spalten sehen wir den dazugehörige Entropiewert $12,54Bit$, die Einzigartigkeit von $5950,4$ Browsern und anschließend den eigentlichen User Agent des Browsers, anhand dessen die Werte errechnet wurden. Die Einzigartigkeit sagt dabei aus, dass nur einer in $5950,4$ Browsern genau diesen User Agent besitzt. Oben im Text wird außerdem die minimale Entropie des Browser $(21,18Bit)$ angezeigt, die mittels konditionaler Wahrscheinlichkeit aus den Entropien der acht Methoden errechnet wurde.

13

Methode	Quelle	Bermerkung
User Agent	Transmitted by HTTP, logged by server	Enthält micro-versionen vom Browser, OS version, Sprache, und weiter informationen
HTTP ACCEPT headers	Transmitted by HTTP, logged by server	Enthält Accept, Accept Encoding, Accept Language und Accept Charset
Cookies enabled?	Inferred in HTTP, logged by server	Ist entweder an oder aus
Bildschirmauflösung	JavaScript AJAX post	Enthält die Höche, Breite und Pixeltiefe
Zeitzone	JavaScript AJAX post	
Plugins und MIME Typen	JavaScript AJAX post	
Schriftarten	Flash applet or Java applet, collected by JavaScript/AJAX	Nicht sortiert
Partieller Supercookie Test	JavaScript AJAX post	Hier wurden keine Test's auf Flash cookies, Silverlight cookies oder derartigen implementiert

Abbildung 2: Beschreibt die acht Fingerprinting-Methoden, die in Panopticlick verwendet werden

In Abbildung 2 sieht man alle acht Methoden, die verwendet wurden. Die erste Spalte (Methode) steht für den Namen der Methode, der gleichzeitig Rückschluss darüber gibt welches Browser-Merkmal des Browser betrachtet wird. In der nächsten Spalte wird beschrieben in welcher Form der Server das Merkmal vom Browser bekommt. Die letzte Spalte gibt noch einige zusätzliche Informationen zu den einzelnen Methoden. Wie unschwer zu erkennen ist, werden die meisten Informationen aus den HTTP-Informationen oder per JavaScript gewonnen. Nur bei den Schriftarten kommt zusätzlich ein Java oder Flash Applet zum Einsatz. Nachfolgend werden diese acht Methoden im Detail besprochen und ein Fazit mit Ergebnissen des Projekts präsentiert.

3.1.1 Methode 1 - User Agent

Der User Agent wird ganz am Anfang einer HTTP-Kommunikation vom Browser an den Server gesendet, damit dieser entscheiden kann, welche Version seiner Webseite er zur Verfügung stellt. Der Grund dafür ist, dass Browser sich in ihren CSS und JavaScript Einstellungen und Versionen unterscheiden, sodass nicht alle Formate dargestellt werden können. Hierfür werden auf dem Server mehrere Versionen der selben Webseite hinterlassen und es wird dann diejenige gewählt, die der anfragende Browser auch darstellen kann. Da der User Agent von zentraler Bedeutung für die korrekte Darstellung einer Webseite ist, wird dieser immer an den Server gesendet, sodass man diesen ohne Wissen des Internetnutzers missbrauchen kann, um einen Browser-Fingerprint anzufertigen.

Der User Agent beinhaltet typischerweise folgende Inhalte: Betriebssystem mit Version, Bit Version des Prozessors, Web Kit mit Version, HTML-Rendering-Engine mit Version, Browser mit Version und die Browser-Kennung mit Version. Ein Beispiel für einen gültigen User Agent ist in Abbildung 3 zu sehen.

```
Mozilla/5.0 (Windows NT 6.1; Win64; x64; rv:14.0) Gecko/20120405 Firefox/14.0a1
```

Abbildung 3: Zeigt den User Agent eines Firefox Browsers

"Mozilla/5.0" sagt dabei aus, dass dies ein Mozilla 5.0 basierter User Agent ist. Außerdem erkennt man das Betriebssystem *"Windows NT 6.1"*, das für Windows 7 steht und die dazugehörige Bit Version *"Win64; x64"*. *"Gecko/20120405"* steht für die HTML-Rendering-Engine mit Version, die der Browser einsetzt und zum Schluss ist auch der Browser mit Version *"Firefox/14.0a1"* angegeben.

Auch Smartphones haben eine Browser integriert, mit dem man ins Internet gehen kann. Diese senden auch einen User Agent, der zum teil sogar noch mehr Informationen, wie zum Beispiel die Firmware-Version des Gerätes, den Browser-Typ mit Version oder Informationen über die Unterstützung von Java (J2ME) besitzt.

percent	useragent	system
5.8%	Mozilla/5.0 (Windows NT 6.1; WOW64; rv:14.0) Gecko/20100101 Firefox/14.0.1	Firefox 14.0 Win7 64-bit
3.0%	Mozilla/5.0 (Macintosh; Intel Mac OS X 10_8) AppleWebKit/536.25 (KHTML, like Gecko) Version/6.0 Safari/536.25	Safari 6.0 MacOSX
2.7%	Mozilla/5.0 (Windows NT 5.1; rv:14.0) Gecko/20100101 Firefox/14.0.1	Firefox 14.0 WinXP 32-bit
2.4%	Mozilla/5.0 (Windows NT 6.1; WOW64) AppleWebKit/537.1 (KHTML, like Gecko) Chrome/21.0.1180.60 Safari/537.1	Chrome 21.0 Win7 64-bit
2.2%	Mozilla/5.0 (Windows NT 6.1; WOW64) AppleWebKit/537.1 (KHTML, like Gecko) Chrome/21.0.1180.83 Safari/537.1	Chrome 21.0 Win7 64-bit
2.0%	Mozilla/5.0 (compatible; MSIE 9.0; Windows NT 6.1; WOW64; Trident/5.0)	IE 9.0 Win7 64-bit

Abbildung 4: Zeigt einen Ausschnitt einer Statistik zur Häufigkeit von User Agents der Webseite *http://techblog.willshouse.com*

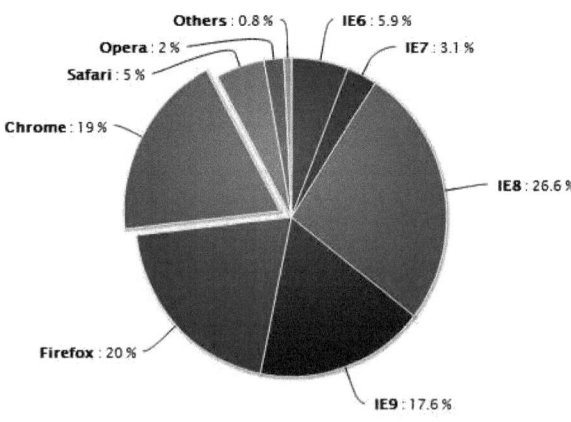

Abbildung 5: Zeigt eine Statistik zur Verwendung von Browsern der Webseite *http://techblog.willshouse.com*

16

In Abbildung 4 sieht man einen Ausschnitt einer Statistik zur Häufigkeit von User Agents. Diese zeigt die 6 häufigsten User Agents, die auf der Webseite *http://techblog.willshouse.com* beobachtet wurden [5]. Diese Liste erneuert sich dynamisch und ist daher immer aktuell. An den sehr kleinen Prozenten erkennt man, dass es viele verschiedene, aktive User Agents gibt, von denen die meisten fast gleich häufig verwendet werden [5]. Man erkennt außerdem, dass unter den 6 häufigsten User Agents nur die aktuellsten Browser Versionen vorhanden sind. Wie man außerdem am ersten und dritten Eintrag erkennt, erscheinen die selben Browser mit gleicher Version öfter als einmal, was daraus resultiert, dass sie auf verschiedenen Betriebssystemen installiert sind. Der vollen Statistik kann man außerdem entnehmen, dass viele Internetnutzer auch veraltete Versionen ihrer Browser verwenden.

Aus den beobachteten User Agents kann man auch eine Statistik zur Häufigkeit von Browsern erstellen. Abbildung 5 zeigt die Browser-Statistik resultierend aus den beobachteten User Agents der Webseite *http://techblog.willshouse.com*. Nach dieser Statistik wird der Internet Explorer mit $53,2\%$ am häufigsten verwendet, gefolgt von Firefox mit 20% und Chrome mit 19%. Solche Statistiken kann man diversen Webseiten entnehmen [2], unter anderem auch Panopticlick [6].

Aus den gesammelten Daten im Jahr 2010 von Panopticlick wurde für das Browser-Merkmal User Agent eine durchschnittliche Entropie von $10Bit$ errechnet, was bedeutet, dass im durchschnitt 1024 Browser eindeutig anhand ihres User Agent unterschieden werden können (siehe Kapitel 3.1.9. Tabelle 1).

3.1.2 Methode 2 - HTTP Accept Headers

Die HTTP Headers werden ebenso wie der User Agent vom Browser an den Server gesendet und legen wichtige Parameter und Argumente fest, wie Daten über die HTTP Verbindung übertragen werden sollen. Diese beinhalten gewünschte Sprachen oder Zeichensatze, sowie oft Informationen über den Browser. Es gibt dabei unterschiedliche Header-Felder, die standardisiert und per Anfrage/Antwort übermittelt werden. Auch diese Header Informationen werden genauso wie der User Agent immer übermittelt und können ohne Wissen des Internetnutzers für Browser-Fingerprinting missbraucht werden.

Panopticlick beschränkt sich auf die folgenden vier HTTP Accept Headers: Accept,

Accpet-Charset, Accept-Encoding und Accept-Language. Abbildung 6 kann man Beispiele für diese Header entnehmen. Im Accept-Feld wird dem Server mitgeteilt, welche

```
Accept:
text/html,application/xhtml+xml,application/xml;q=0.9,*/*;q=0.8


Accept-Charset: utf-8


Accept-Encoding: gzip,deflate


Accept-Language: en-US
```

Abbildung 6: Zeigt Beispiele für die vier HTTP Accept Header, die Panopticlick für ihren Browser-Fingerprint verwendet

Dateitypen der Browser verarbeiten kann. Das Accept-Charset-Feld bestimmt welche Zeichensätze der Browser anzeigen kann und somit auch empfangen möchte. Die komprimierten Formate, die der Browser unterstützt werden im Accept-Encoding-Feld mitgeteilt. Im letzten Feld, dem Accept-Language, teilt der Browser mit welche Sprachen er akzeptiert. Somit erkennt man in Abbildung 6, dass dieser Browser alle unter Accept stehenden Dateitypen verarbeiten kann und den Zeichensatz *"utf-8"* empfangen möchte. Außerdem unterstützt er die komprimierten Formate *"gzip, deflate"* und akzeptiert *"en-US"* amerikanisches Englisch.

Aus den gesammelten Daten von Panopticlick wurde eine durchschnittliche Entropie von $6,09 Bit$ für die HTTP Accept Headers bestimmt (siehe Kapitel 3.1.9, Tabelle 1). Dies ist wie bei dem User Agent eine relativ hohe Entropie in Anbetracht der Tatsache, dass dies Informationen sind, die für die korrekte Darstellung der Webseite und Kommunikation mit dem Server notwendig sind. Denn dies bedeutet, dass man sie nicht einfach kürzen oder gänzlich weglassen kann.

3.1.3 Methode 3 - Plugins und MIME-Typen

Zu den Plugins zählen nur die internen Browser-Plugins, die im sinne der Netscape-Plugin-Technik installiert wurden. Dazu zählen zum Beispiel Flash, Java, Silverlight

18

oder Real Player. Browser-Erweiterungen wie AdBlock oder NoScript, die im Chrome Web Store erhältlich sind und der Internetnutzer aktiv benutzt, werden hier nicht betrachtet. Die MIME-Typen werden von jedem Plugin in einer eigenen Liste verwaltet. Diese sagen aus welche Dateitypen das Plugin anzeigen oder abspielen kann.

Um Informationen über die installierten Plugins und MIME-Typen auszulesen muss im Browser JavaScript aktiviert sein. Die Informationen werden aus dem Objekt *"navigator.plugins"* mittels in Webseiten integriertem JavaScript-Code abgefragt. Ein Beispiel hierfür kann Listing 1 entnommen werden.

Listing 1: Zeigt JavaScript-Code von Panopticlick, der dafür zuständig ist sämtliche Informationen über die installierten Plugins und MIME-Typen auszulesen

```
1   function identify_plugins(){
2     // fetch and serialize plugins
3     var plugins = "";
4     // in Mozilla and in fact most non-IE browsers, this is easy
5     if (navigator.plugins) {
6       var np = navigator.plugins;
7       var plist = new Array();
8       // sorting navigator.plugins is a right royal pain
9       // but it seems to be necessary because their order
10      // is non-constant in some browsers
11      for (var i = 0; i < np.length; i++) {
12        plist[i] = np[i].name + "; ";
13        plist[i] += np[i].description + "; ";
14        plist[i] += np[i].filename + ";";
15        for (var n = 0; n < np[i].length; n++) {
16          plist[i] += " (" + np[i][n].description +"; "+ np[i][n].type
            +
17                      "; "+ np[i][n].suffixes + ")";
18        }
19        plist[i] += ". ";
20      }
21      plist.sort();
22      for (i = 0; i < np.length; i++)
23        plugins+= "Plugin "+i+": " + plist[i];
24    }
25    return plugins;
26  }
```

19

Listing 1 zeigt JavaScript-Code, der von Panopticlick dazu verwendet wird Informationen über die installierten Plugins und MIME-Typen eines Browser auszulesen. Das Objekt *"navigator.plugins"* ist ein Array von installierten Plugins. Diese Plugins werden in Javascript als Objekte dargestellt, die jeweils drei Attribute und ein Array mit weiteren Objekten, den MIME-Typen besitzen. Wie in Listing 1 Zeile 11 zu sehen ist, wird über das Objekt *"np"* iteriert, dass zuvor in Zeile 6 als *"navigator.plugins"* festgelegt wurde. Zeile 12-13 zeigen wie die ersten drei Attribute der Plugin-Objekte gespeichert werden. Diese drei Attribute sind: *"name"*, *"description"* und *"filename"*. Diese beinhalten Informationen zu dem Namen, der Beschreibung und dem Dateinamen des jeweiligen Plugin-Objekts. In Zeile 15 sieht man, dass eine zweite Schleife dafür genutzt wird um über das Array der MIME-Typen in den Plugin-Objekte zu iterieren. Hier finden sich an jeder Stelle jeweils 3 Attribute namens *"suffixes"*, *"type"* und *"description"*, die jeweils Informationen zu den verwendeten MIME-Typ-Bezeichnungen, Dateiendungen und Beschreibungen der MIME-Typen, der Plugins liefern (siehe Listing 1, Zeile 16-17).

Während der Datensammlung von Panopticlick wurde festgestellt, dass die Reihenfolge in der die Plugins im Objekt *"navigator.plugins"* stehen nicht stabil ist und sich unter bestimmten Einflüssen willkürlich verändert. Dies hat zur Folge, dass die Reihenfolge der Plugins nicht mit in die Entropie einfließen kann wie es bei den Schriftarten der Fall ist. Daraus resultiert ein kleiner positiver Effekt für den Internetnutzer, da eine stabile Reihenfolge die Entropie noch zusätzlich erhöht hätte, was eine höhere Identifizierbarkeit bedeutet würde. Doch nichtsdestotrotz liefert diese Methode die höchste durchschnittliche Entropie von allen, die Panopticlick sonst noch für den Browser-Fingerprint verwendet. Wie Tabelle 1 in Kapitel 3.1.9 zu entnehmen ist, liegt diese bei $15,4 Bit$ und identifiziert somit $43237,6$ unterschiedliche Browser eindeutig von einander.

3.1.4 Methode 4 - Schriftarten

Im Browser sind gewisse Standardschriftarten bereits integriert. Diese werden durch den Internetnutzer bei diversen Interaktion durch weitere Schriftarten erweitert. Durch diesen Effekt unterscheiden sich viele Browser in ihrem Umfang an installierten Schriftarten. Zusätzlich fanden die Forscher vom Projekt Panopticlick heraus, dass die Liste der Schriftarten nicht alphabetisch sortiert, sondern sortiert nach dem Zeitpunkt der Installation ausgegeben wird. Nach deren Einschätzung resultiert daraus eine Steigerung der Entropie um mehreren Bits [6]. Diesen Effekt mit eingerechnet, ergab sich eine durchschnittliche Entropie von $13,9Bit$ (siehe Kapitel 3.1.9, Tabelle 1), was aus allen Methoden mit die höchste Entropie lieft. Die komplette Liste der installierten Schriftarten kann durch Flash oder Java Applets ausgelesen werden, was nach Aussage des Panopticlick Projekts unnötig sei [6]. Wenn eine Webseite eine Schriftart benutzt, die im Browser nicht installiert ist, wählt der Browser automatisch eine der Standardschriftarten aus. Es würde also völlig reichen eine Funktion im Browser zu haben, mit der man die Verfügbarkeit von Schriftartfamilien testen könnte.

3.1.5 Methode 5 - Bildschirmauflösung

Bei der Bildschirmauflösung untersucht Panopticlick die Breite und Höhe, sowie die Farbtiefe des Bildschirms. Realisiert wird dies durch integrierten JavaScript-Code in der vom Browser geöffneten Webseite. Ein Beispiel hierfür ist in Listing 2 zu sehen.

Listing 2: Zeigt ein JavaScript-Codefragment, den die Webseite Panopticlick dafür verwendet Informationen über die Bildschirmauflösung eines Browsers zu erfahren

```
1  try {
2      whorls['video'] = screen.width+"x"+screen.height+"x"+screen.
          colorDepth;
3  } catch(ex) {
4      whorls['video'] = "permission denied";
5  }
```

Surft ein Internetnutzer nun mit seinen Browser auf einer Webseite, die diesen Code enthält, wird dieser sofort ausgeführt. In Zeile 2 ist zu sehen, dass das Objekt *"screen"* verwendet wird, um Informationen über die Breite, Höhe und Farbtiefe des Bildschirms zu erhalten. Dabei stehen die Informationen in den Attributen *"screen.width"*, *"screen.height"* und *"screen.colordepth"* und werden, wie in Listing 2 zu sehen ist, in einer Variable gespeichert. Webseitenentwickler nutzen diese Informationen um das Layout einer Webseite oder die Fenstergröße an die zur Verfügung stehenden Bildschirmgröße anzupassen. Jedoch hat die Bedeutung und Nutzung dieses Objekts, aufgrund von unzuverlässigen Werten abgenommen [20].

Auf der Webseite von *W3Schools* kann man Statistiken zu gängigen Bildschirmauflösungen einsehen. Diese werden anhand der Internetnutzer erstellt, die diese Webseite besuchen [21].

Screen Resolution

Today, most visitors are using a screen resolution higher than 1024x768 pixels:

Date	Higher	1024x768	800x600	640x480	Other
January 2012	85%	13%	1%	0%	1%
January 2011	85%	14%	0%	0%	1%
January 2010	76%	20%	1%	0%	3%
January 2009	57%	36%	4%	0%	3%
January 2008	38%	48%	8%	0%	6%
January 2007	26%	54%	14%	0%	6%
January 2006	17%	57%	20%	0%	6%
January 2005	12%	53%	30%	0%	5%
January 2004	10%	47%	37%	1%	5%
January 2003	6%	40%	47%	2%	5%
January 2002	6%	34%	52%	3%	5%
January 2001	5%	29%	55%	6%	5%
January 2000	4%	25%	56%	11%	4%

Resolution	January 2012
1366x768	18.7 %
1280x1024	11.5 %
1280x800	10.7 %
1920x1080	8.1 %
1440x900	8.1 %
1680x1050	6.5 %
1600x900	3.8 %
1920x1200	3.0 %
1360x768	2.0 %
1280x768	1.3 %
Other high resolutions	11.7 %
Sum	**85.4 %**

Abbildung 7: Zeigt eine Statistik zur Bildschirmauflösung im Zeitraum vom Januar 2011 bis Januar 2012

Abbildung 7 zeigt die Statistik im Zeitraum vom Januar 2011 bis Januar 2012. Im oberen Bild ist zu sehen, dass bereits 85% aller Seitenbesucher eine höhere Bildschirmauflösung als $1024x786$ besitzen. Im unteren Bild sind dabei die Bildschirmauflösungen, die höher als $1024x786$ sind, prozentual abgebildet. Vergleicht man nun beide Bilder miteinander, erkennt man, dass unter den Besuchern von *W3Schools* die meist vertretene Bildschirmauflösung $1366x768$ war. Mit $18,7\%$ liegt diese vor der Bildschirmauflösung von $1024x768$ mit 13%, gefolgt von $1280x1024$ mit $11,5\%$.

Wie in Kapitel 3.1.9, Tabelle 1 zu sehen ist, liegt die durchschnittliche Entropie der

Bildschirmauflösung bei $4,83 Bit$. Für sich allen würde diese Methode im Durchschnitt lediglich $28,44$ Browser eindeutig von einander unterscheiden. Beachtet man diese Methode jedoch in Verbindung mit den anderen, wirkt sich diese Entropie viel stärker aus.

3.1.6 Methode 6 - Zeitzone

Die Zeitzone kann in JavaScript dem Objekt *"Date()"* entnommen werden. Dieses Objekt ist für alle Berechnungen mit Datum und Uhrzeit zuständig. Abbildung 3 Zeile 2 zeigt JavaScript-Code, der dafür verwendet wird die Zeitzone eines Browsers in Erfahrung zu bringen.

Listing 3: Zeigt ein JavaScript-Codefragment, den die Webseite Panopticlick dafür verwendet die Zeitzone eines Browsers zu erfahren

```
1 try {
2   whorls['timezone'] = new Date().getTimezoneOffset();
3 }catch(ex) {
4   whorls['timezone'] = "permission denied";
5 }
```

Hier wird mit *"new Date()"* ein neues Date-Objekt erstellt auf dem die Funktion *"getTimezoneOffset()"* aufgerufen wird. Diese Funktion liefert den Unterschied zwischen der lokalen Rechnerzeit und der Greenwich Meridian Time (GMT) in Minuten zurück. Je nach Zeitzone ist dieser Wert positiv oder negativ und kann also zwischen -1200 und $+1200$ liegen. Teilt man den Wert durch 60, erhält man die Stunden und hat somit die Zeitzone des Browsers.

Bei synchronisierter Rechnerzeit mit dem Internet liefert dieser Wert immer die korrekte Zeit in Minuten. Wäre die Rechnerzeit jedoch nicht synchronisiert und würde ein wenig vor oder nachlaufen, wäre der Wert nicht exakt und würde die Entropie zusätzlich steigern [6]. Die Durchschnittliche Entropie, die bei Panopticlick errechnet wurde, ist Kapitel 3.1.9 Tabelle 1 zu entnehmen und liegt bei $3,04 Bit$.

3.1.7 Methode 7 - Cookies aktiviert?

Wie im Kapitel 2.2 bereits erörtert wurde, waren Cookies ursprünglich dafür zuständig das zustandslose HTTP-Protokoll um eine emulierte HTTP-Sitzung zu erweitern. Dieser Einsatz wurde mit der Zeit jedoch zweckentfremdet und dafür eingesetzt Browser durch ID's eindeutig zu identifizieren. Mit der Methode Cookies aktiviert? von Panopticlick ist aber nicht gemeint ein Cookie im Browser zu hinterlassen, wie man es aus den klassischen Browser-Tracking-Methoden kennt, sondern den Browser darauf zu testen ob dieser Cookies akzeptiert. Realisiert wird dies indem die Webseite versucht ein Cookie im Browser zu hinterlassen und anschließend schaut ob es dieses wieder auslesen kann. Diese Methode ergab bei den Auswertungen von Panopticlick eine durchschnittliche Entropie von $2,12Bit$ (siehe Kapitel 3.1.9, Tabelle 1).

3.1.8 Methode 8 - Partieller Supercookie Test

Bei dem partiellen Supercookie Test wird getestet ob die Webseite Zugriff auf die DOM Storage besitzt. Wie in Listing 4 Zeile 1-6 zu sehen ist, wird in der Local und Session Storage ein Eintrag hinterlassen. Der Eintrag *"localStorage.panopticlick = "yea""* in Zeile 3 funktioniert dabei wie das Hinterlassen eines Schlüssel/Wert-Paares. Dabei ist *"panopticlick"* der Schlüssel und *"yea"* der zugehörige Wert. Im Fall der Session Storage funktioniert es analog, siehe dazu Zeile 4. Sollte es einen Fehler beim Hinterlassen des Eintrags geben, läuft die Funktion in die Ausnahmebehandlung. Diese sorgt dafür, dass der restliche Code bei Schreibverbot dennoch ausgeführt wird.

Listing 4: Zeigt ein JavaScript-Codefragment, den die Webseite Panopticlick dafür verwendet den Browser auf aktivierte Dom Storage zu testen

```
1  function set_dom_storage(){
2    try {
3      localStorage.panopticlick = "yea";
4      sessionStorage.panopticlick = "yea";
5    } catch (ex) { }
6  }
7
8
9  function test_dom_storage(){
10   var supported = "";
11   try {
12     if (localStorage.panopticlick == "yea") {
13       supported += "DOM localStorage: Yes";
14     } else {
15       supported += "DOM localStorage: No";
16     }
17   } catch (ex) { supported += "DOM localStorage: No"; }
```

```
18
19  try {
20    if (sessionStorage.panopticlick == "yea") {
21      supported += ", DOM sessionStorage: Yes";
22    } else {
23      supported += ", DOM sessionStorage: No";
24    }
25  } catch (ex) { supported += ", DOM sessionStorage: No"; }
26
27  return supported;
28  }
```

Anschließend wird die Local und Session Storage auf die Existenz dieser Einträge geprüft (Zeile 9-28). Sind diese vorhanden, hat die Webseite Zugriff auf die Local und/oder Session Storage, andernfalls nicht. Bei dieser Methode soll nicht der hinterlassene Wert ausschlaggebend sein, sondern die Tatsache ob man Zugriff auf die Local und/oder Session Storage besitzt. Für die userData vom Internet Explorer wurde dasselbe Konzept verwendet, sodass man testen kann, ob ein Zugriff auf die userData besteht oder nicht. Die Entwickler von Panopticlick betonen an dieser Stelle, dass ihnen die Zeit gefehlt hat das Testen auf weitere Arten von Cookies zu implementieren [6]. So wäre es möglich den Browser auf Flash Cookies oder weitere Zombie Cookie Arten zu testen.

Die durchschnittliche Entropie dieser Methode kann Tabelle 1 in Kapitel 3.1.9 entnommen werden. Diese liegt bei $0,353 Bit$ und kann durch die Erweiterung um andere Cookie Arten noch gesteigert werden [6].

3.1.9 Fazit und Ergebnisse

Alle Ergebnisse wurden anhand der 470161 gesammelten Browser-Fingerprints errechnet. Tabelle 1 kann dabei die durchschnittliche Entropie der einzelnen Fingerprinting-Methoden entnommen werden. Diese ist bereits nach der Entropie sortiert, sodass direkt abgelesen werden kann, welche Methoden einen Browser am eindeutigsten identifizieren.

Zu sehen ist, dass die Methode für Plugins und Mime-Typen im Schnitt die höchste Entropie lieferte. Aber auch die nachfolgenden Methoden für Schriftarten und User Agent lieferten eine hohe Entropie.

Aus den gesammelten Daten wurde errechnet, dass $83,6\%$ aller Browser-Fingerprints

Tabelle 1: Zusammenfassung aller acht Fingerprinting-Methoden mit durchschnittlichem Entropie Wert

Methoden	Durchschnittliche Entropie in Bit
Plugins und MIME-Typen	15,4
Schriftarten	13,9
User Agent	10
HTTP Accept Headers	6,09
Bildschirmauflösung	4,83
Zeitzone	3,04
Cookies aktiviert?	2,12
Partieller Supercookie Test	0,353

den Browser eindeutig identifizieren. 5,3% hatten dabei eine Anonymität vom Grad zwei, was bedeutet, dass die Daten zwei nicht unterscheidbare Browser-Fingerprints beinhalteten. Die restlichen besaßen eine Anonymität höher als zwei. Betrachtete man nur die Browser welche entweder Flash, Java oder beides aktiviert hatten, stieg die Zahl der eindeutig identifizierbaren Browser-Fingerprints auf 94,2%. Unter den restlichen Browser-Fingerprints waren immer noch 4,8%, die eine Anonymität vom Grad 2 besaßen. Weiterhin wurde aus den Daten eine untere Grenze von $18,1 Bit$ für die Entropie der Browser errechnet. Folglich bedeutet dies, dass bei einer zufälligen Wahl eines Browser, dieser sich im besten Fall nur von einem aus 286,777 anderen Browsern nicht eindeutig unterscheiden lassen würde [6].

Unter anderem wurde auch die Veränderlichkeit von Browser-Fingerprints untersucht. Aufgrund von Browser Updates, Plugin Updates, dem Ausschalten von Cookies, der Installation von neuen Schriftarten oder dem Anschließen von externen Monitoren verändert sich nach Meinung der Entwickler dieser recht schnell [6]. Unter den 8833 Internetnutzer, die Cookies akzeptierten und im Abstand von mehr als 24h mehrere male hintereinander die Webseite von Panopticlick besuchten, wurde bei 37,4% eine Änderung festgestellt. Die Entwickler von Panopticlick betonen an dieser Stelle, dass aufgrund der Wirkung, der Interaktion und den technisch affinen Besuchern dieser Seite, die prozentuale Änderung durchaus gesteigert sei. Daraus wurde geschlossen, dass diese in der Realität wahrscheinlich kleiner ausfallen würde [6].

Die Gruppe um Panopticlick herum hat außerdem versucht die Veränderung der Browser-Fingerprints zu verfolgen. Dazu haben sie einen simplen heuristischen Algorithmus entwickelt, der nach eigener Meinung der Entwickler durch Experten deutlich verbessert werden könne, der versucht den veränderten Browser-Fingerprint zu bestimmen [6]. Dieser Algorithmus wurde anhand der gesammelten Daten getestet und lag bei 65% der Fälle richtig. Bei 34, 13% der Fälle konnte dieser keinen Browser-Fingerprint bestimmen und bei 0, 87% lag dieser falsch. Aus diesen Ergebnissen schlussfolgerte die Gruppe von Panopticlick, dass eine hohe künstlich erzeugte Veränderbarkeit einen guten Schutz vor Browser-Fingerprinting liefern würde [6].

In den gesammelten Daten fanden die Entwickler auch Browser-Fingerprints, die aufgrund von installierten Erweiterungen eindeutig identifizierbar wurden [6]. Unter diesen waren auch Erweiterungen, die eigentlich der Privatsphäre des Internetnutzers und zum Schutz vor Browser-Fingerprinting dienlich sein sollten. So wurden zum Beispiel Browser mit installierten Flashblockern eindeutig identifizierbar, weil man bei diesen keine Plugins und Schriftarten mittels Flash auslesen konnte, diese jedoch in der Liste der installierten Plugins Flash aufwiesen. Außerdem wurden Fälle gefunden bei denen gefälschte User Agent den Browser eindeutig identifizierten, weil einige weitere Fingerprinting-Methoden widersprüchliche Daten lieferten. Zum Beispiel wurden User Agents vom IPhone gesichtet, die Flash installiert hatten (IPhone unterstützt die Verwendung von Flash nicht). Ein anderes Beispiel hierfür waren User Agents, die Firefox aufwiesen, jedoch userData aktiviert hatten, was nur beim Internet Explorer der Fall sein kann.

3.2 Weiter Fingerprinting-Methoden

Während der Entwicklung der Chrome-Erweiterung wurden weitere JavaScript-Objekte identifiziert, die zum Browser-Fingerprinting verwendet werden können.
Zuallererst bietet das Attribut *navigator.appName* die Möglichkeit den Namen des Browsers herauszufinden. Im Attribut *navigator.appVersion* steht zusätzlich die Version des Browsers. In den Attributen *navigator.platform* und *navigator.oscpu* stehen Informationen zum Betriebssystem und dessen Version. Das Attribute *navigator.language* beinhaltet die installierten Sprachen des Betriebssystems. All diese Informationen sind zwar teilweise redundant zu den Informationen im User Agent, können jedoch

in besonderen Fällen dafür eingesetzt werden den Browser eindeutig zu identifizieren. Ein solcher Fall kann bei Manipulation des User Agents auftreten, nämlich wenn die JavaScript-Attribute nicht passend mit verändert wurden. In solchen Fällen bietet folglich das Attribut *navigator.userAgent* Aufschluss darüber, ob der User Agent manipuliert wurde oder nicht.

Das Attribut *navigator.cookieEnabled* kann genutzt werden um zu überprüfen, ob das Setzten von Cookies verboten wurde oder ob lediglich der Internetnutzer das Cookie manuell oder mittels Erweiterung gelöscht hat (generell aber Cookies erlaubt). Im zweiten Fall würde man so auf einen Widerspruch mit der Fingerprinting-Methode Cookie Enabled? von Panopticlick stoßen, was zu einer eindeutigen Identifizierung des Browsers führen könnte.

Über die Funktion *navigator.javaEnabled* ist es Möglich eine Fingerprinting-Methode zu entwickeln, die prüft, ob Java auf dem Browser verfügbar ist oder nicht. Diese liefert true oder false zurück passend zu dem Status. Eine solche Methode würde die Entropie des Browser-Fingerprints noch ein wenig steigern.

Das Objekt *navigator.geolocation*, das mit dem HTML5 Standard kam, bietet ein Mittel die geographische Position des Browsers in Erfahrung zu bringen. Hierfür wird entweder GPS, falls vorhanden, oder WiFi in Verbindung mit einer IP Auswertung benutzt. Mit diesem Objekt können theoretisch sogar Veränderungen der Position beobachtet werden [1]. Die Entwickler von Panopticlick haben sich bewusst dafür entschieden diese Methode nicht in ihren Browser-Fingerprint einfließen zu lassen, da sie zu damaligem Zeitpunkt vermutet haben, dass diese Informationen zu ungenau seien und somit die Stabilität des Browser-Fingerprints gefährden würden [6]. In Zukunft könnte sich dies allerdings ändern, sodass diese Information die Möglichkeit für eine neue Browser-Fingerprinting-Methode eröffnet.

3.3 FireGloves

FireGloves ist eine Erweiterung für Firefox, die zum Schutz vor Browser-Fingerprinting dienen soll. In der Version 1.2.3, die am 4. September 2012 veröffentlicht wurde, kann man diverse Merkmale des Browsers verändern.

Wie Abbildung 8 zu entnehmen ist, kann man manuell die Bildschirmauflösung, die JavaScript-Attribute *navigator.platform* und *navigator.language*, die Zeitzone, den

Abbildung 8: Zeigt die Einstellungsmöglichkeiten zum Schutz vor Browser-Fingerprinting der Erweiterung Fi-reGloves

User Agent, das Accept-Language-Feld der HTTP Header und die Version des Brow-sers editieren. Weiterhin kann man einen randomisierten Modus einschalten wie in der Abbildung ganz oben zu sehen ist. Dieser Modus randomisiert die Werte für die Bild-schirmauflösung, die JavaScript-Attribute *navigator.platform* und *navigator.language* und die Zeitzone.

Im Gegensatz zu FireGloves, bietet Fingerless einen differenzierten Randomisierungs-modus. Randomisieren lassen sich der User Agent, die HTTP Accept Headers, die Plugins und MIME-Typen, die Zeitzone, die Bildschirmauflösung und das JavaScript-Attribut *navigator.platform* (siehe Kapitel 4.2). Dass hat zur Folge, dass nicht nur mehr Browser-Merkmale, sondern auch mehr Browser-Merkmale mit einer hohen durchschnittlichen Entropie randomisiert werden können. Daraus resultiert ein besserer Schutz vor Browser-Fingerprinting, da sich der Fingerprint stärker verändert [6]. An dieser Stelle wurde besonders darauf geachtet, dass alle möglichen randomisierten Werte eine möglichst geringe Entropie aufwiesen (siehe Kapitel 4.4).

Weiterhin bietet Fingerless die Möglichkeiten zu wählen wie viele der Browser-Merkmale randomisiert werden, welches bei FireGloves nicht möglich ist. Das Interface von Fingerless bietet zusätzlich die Möglichkeit direkt zu sehen, welche Werte die Browser-Merkmale annehmen und folglich auch die Möglichkeit diese mittels Buttons erneut zu randomisieren. Auch dies ist in FireGloves nicht möglich, da hier nur die Möglichkeit besteht den Randomisierungsmodus an- und auszuschalten. Fingeless besitzt unter anderem auch einen manuellen Modus und einen Modus in dem Profile gesetzt werden können (detaillierteres hierzu folgt in Kapitel 4.2). Profile verändern dabei die Browser-Merkmale so, dass diese mit häufig im Internet vertretenen Geräten identisch sind. Zum Beispiel gibt es das Profile IPhone, welches die Browser-Merkmale an die eines IPhones anpasst.

Im Unteren Teil der Abbildung 8 ist zu sehen, dass man einige weitere Einstellungen vornehmen kann. Hier kann man die Plugins und MIME-Typen an- und ausstellen. Bei ausgestellter Form scheint der Browser keine Plugins zu besitzen, die Liste der abgefragten Plugins ist also leer. Weiterhin kann man die Schriftarten für Dokumente und Tabs limitieren. Die Limitation der Tabs ist dabei variabel einstellbar, was bedeutet, dass der Internetnutzer selber entscheiden kann wie viele Schriftarten einer Webseite pro Sitzung maximal zur Verfügung stehen. Dabei werden die ersten n Schriftarten genommen, die die Webseite anfragt. n steht hierbei für die benutzerdefinierte Eingabe und ist in der Abbildung 8 auf 5 gesetzt. Zusätzlich besteht die Möglichkeit eine JavaScript-Methode, mittels der man Schriftarten abfragen kann, zu begrenzen. In der Abbildung 8 ist dieser begrenzende Wert auf 8 gesetzt und bedeutet, dass nur acht Schriftarten mittels dieser JavaScript-Methode abgefragt werden können.

Einige weiter Einstellungen sind der Abbildung 8 nicht zu entnehmen. Diese Einstellungen sind aber alle auch in den Browser-Einstellungen editierbar und dienen nicht direkt dem Schutz vor Browser-Fingerprinting. Da wäre die Einstellung zum Aktivieren und Deaktivieren der DOM Storage, des offline Caching und des HTTP(S) Caches.

Außerdem noch die Einstellung für das Cookie-Management des Browsers und für das Leeren des Browser-Caches beim Herunterfahren des Betriebssystems.

3.4 NoScript

NoScript ist eine Erweiterung für den Browser Firefox, die selektives Blockieren von unerwünschtem JavaScript-Code einer Webseite erlaubt. Basierend auf einer Positivliste werden Inhalte von Webseiten erlaubt. Inhalte von allen anderen Seiten, die nicht in dieser Liste stehen, werden blockiert, sogar wenn diese eingebettet in erlaubte Seiten sind. Von solchen Webseiten wird nicht einmal der JavaScript-Code heruntergeladen. Standardmäßig ist NoScript bereits mit einer vorkonfigurierten Positivliste, die bekannte Domains enthält, ausgestattet. Weiterhin ist die Positivliste mittels Hinzunahme von vollständigen Webadressen (http://www.webseite.de/inhalt), Domains (www.webseite.de) oder Second-Level-Domains (webseite.de) persönlich erweiterbar. Eine solche Anpassung ist auch notwendig, da die meisten Webseiten ohne JavaScript ihre Funktionalität verlieren.

An dieser Stelle entsteht ein Problem. Aufgrund von spezifischen Einträgen in der Positivliste, wie zum Beispiel bevorzugten Nachrichtendiensten, Webmail-Anbietern, Onlinebanking-Anbietern, entsteht eine Einzigartigkeit des Browsers. Folglich kann man an dieser Stelle eine Fingerprinting-Methode entwickeln, die so einen Browser auf diese spezifische Einträge testet.

Eine solche Fingerprinting-Methode könnte wie folgt aussehen. Man bindet in eine Webseite externen JavaScript-Code von anderen Domains ein, von denen man wissen möchte, ob diese in der Positivliste enthalten sind. Bei einem Internetnutzer der NoScript benutzt und diese Webseite besucht muss man zur Laufzeit nur noch testen, ob die Methoden der externen JavaScript-Codes verfügbar sind oder nicht. Ist eine Methode zur Laufzeit verfügbar, bedeutet dies, dass die Domain in der Positivliste enthalten ist. Tatsächlich wurde so etwas bereits von Mowery und seinem Team realisiert [15]. Dabei wird die Positivliste auf Einträge von 706 der TOP-1000 Alexa Webseiten untersucht [4]. Somit ist nachvollziehbar, dass die Erweiterung NoScript unter Umständen für die Privatsphäre von Nachteil ist.

3.5 AdBlock Plus

Die 2002 zum ersten mal veröffentlichte Erweiterung AdBlock Plus gehört in die Kategorie der Werbeblocker. Sie stellt somit für den Internetnutzer eine Steuerungsmöglichkeit bereit, um die in Webseiten lästige und unerwünschte Werbung zu blockieren. Realisiert wird dies indem Filterlisten abonniert werden, in denen Informationen darüber stehen, welche Inhalte einer Webseite blockiert oder sogar versteckt werden sollen. Zusätzlich können erfahrene Nutzer selbst Filterlisten erstellen, die an ihre eigenen Bedürfnisse angepasst sind. Diese Open-Source Erweiterung ist im Internet sowohl für Chrome als auch für Firefox erhältlich [16].

3.6 Ghostery

Ghostery ist eine Erweiterung, die nicht direkt dem Schutz vor Browser-Fingerprinting dient, sondern dem Internetnutzer beim Surfen die Möglichkeit bietet zu erfahren, welche versteckten Dienste in der Webseiten eingebettet sind. Mit versteckten Diensten sind hierbei integrierte Fragmente der Webseite gemeint, die im Hintergrund private Daten des Internetnutzers an den Seitenbetreiber übermitteln. So hat der Internetnutzer über die Liste in der oberen rechten Ecke des Browserfensters die Möglichkeit zu sehen, welche Tracking-Dienste eine Webseite nutzt und diese optional zu blockieren. Erhältlich ist diese Erweiterung für alle gängigen Browser zu denen Firefox, Chrome, Safari und Internet Explorer zählen.

4 Chrome-Erweiterung: Fingerless

In den Nachfolgenden Kapiteln wird die in dieser Arbeit entwickelte Chrome-Erweiterung Fingerless vorgestellt. Diese ist eine Prototypentwicklung, die den Internetnutzer dabei unterstützen soll sich vor Browser-Fingerprinting zu schützen.

4.1 Konzept

Fingerless ist eine Prototypentwicklung für den Browser Chrome. Mittels dieser Erweiterung hat der Internetnutzer verschiedene Möglichkeiten sich vor Browser-Fingerprinting zu schützen. Hierbei wurde der Fokus auf die von Panopticlick entwickelten Fingerpriting-Methoden gesetzt. Insgesamt werden dem Nutzer drei verschiedene Modi (siehe Kapitel 4.2), mittels derer er seine Anonymität steigern kann, zur Verfügung gestellt. Damit diese Modi funktionieren, muss Fingerless JavaScript-Code in die zu öffnende Webseite einbetten. Um dieses Konzept besser zu verstehen wird in Abbildung 9 die Architektur der Erweiterung Fingerless vorgestellt.

1) Popup:

Zuallererst sieht man, dass die Erweiterung ein Pop-up hat, welches geöffnet wird, wenn man das Plugin-Icon im oberen rechten Teil des Browser anklickt. Dieses Pop-up wird durch die *popup.html* erzeugt, die ihrerseits die drei externen JavaScript-Dateien *profiles.js*, *functionality.js* und *popup.js* enthält. Die Datei *profiles.js* enthält Arrays mit Werten für die verschiedenen Profile und Randomisierungsfunktionen. In der Datei *functionality.js* werden die Elemente der *popup.html* dynamisch gemacht und die Veränderungen von Werten per Local Storage an die *background.html* weitergeleitet. Die Datei *popup.js* setzt die Werte, die im Pop-up angezeigt werden. An dieser Stelle werden die Informationen für die Werte von der *background.html* geholt, die diese mittels Local Storage zugänglich macht.

2) Background:

Während die *popup.html* nur beim Anklicken des Erweiterungssymbols ausgeführt wird, läuft die *background.html* permanent im Hintergrund. Diese implementiert Listener, die auf bestimmte Events der Webseiten oder des Browsers reagieren. Zum einen

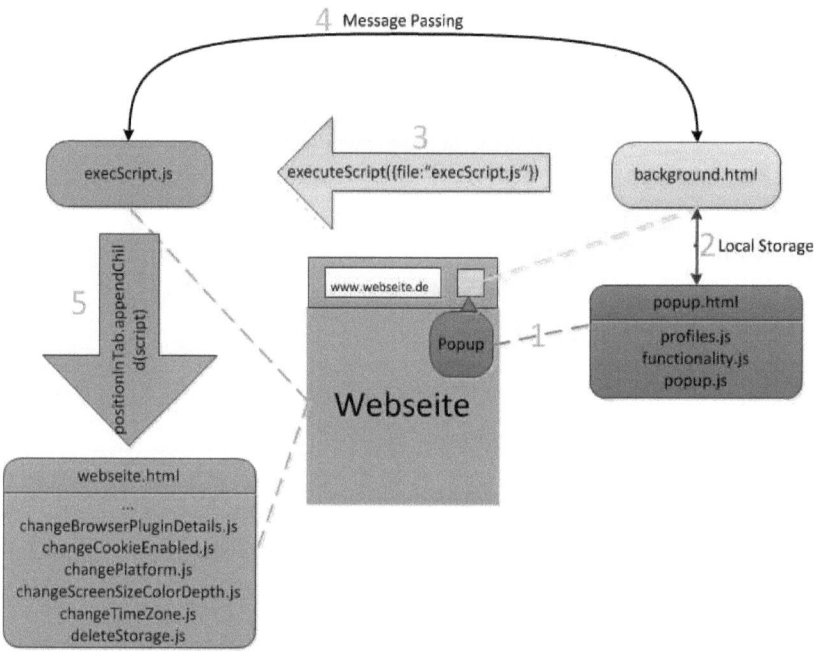

Abbildung 9: Präsentiert die Architektur der Chrome-Erweiterung Fingerless

wird auf das Senden der Header vom Browser reagiert. Hier werden Informationen gespeichert und bei Bedarf vor dem Senden manipuliert. Zum anderen wird das Laden einer Webseite pausiert, damit die JavaScript-Datei *execScript.js* im Kontext der Webseite ausgeführt werden kann.

3) ExecScript:

Die Datei *execScript.js* wird zwar im Kontext des HTML-Quellcodes der Webseite ausgeführt und kann somit Elemente der Webseite manipulieren, ihre JavaScript-Funktionen werden jedoch durch Chrome absichtlich von denen der Webseite getrennt. Der JavaScript-Code der Webseite und der von *execScript.js* leben sozusagen in verschiedenen Welten [9]. Da die *execScript.js* und die *background.html* in verschiedenen Kontexten ausgeführt werden, können diese untereinander nur mittels Message Passing kommunizieren. Diese von Chrome entwickelte Funktion bietet die Möglichkeit sich gegenseitig Variablen zuzusenden. Mittels dieser Funktion kann die *background.html*

34

Werte und gekapselte Befehle an die *execScript.js* senden, sodass diese weiß, welche Funktionen es mit welchen Werten ausführen soll.

Um nun den JavaScript-Code der Webseite zu manipulieren, muss die Datei *execScript.js* ihrerseits JavaScript-Code in den HTML-Quellcode der Webseite integrieren. An dieser Stelle werden externe JavaScript-Dateien in die Webseite eingebunden, um einen besseren Programmierstil und bessere Abstraktion zu gewährleisten. Da *execScript.js* die HTML-Elemente der Webseite manipulieren kann, kann sie auch Elemente hinzufügen. Somit werden mittels des Befehls *"positionInTab.appendChild()"* externe JavaScript-Dateien in die Webseite eingebunden. Da diese JavaScript-Dateien wie auch die der Webseite nicht durch die *execScript.js* beeinflusst werden können, hinterlässt die *execScrit.js* zusätzlich JavaScript-Variablen mit Werten, die die eingebundenen JavaScript-Dateien zum Setzten und Manipulieren der Browser-Merkmalen benötigen. Durch die oben beschriebene Architektur schafft es die Erweiterung Fingerless die Browser internen JavaScript-Objekte so zu Manipulieren und zu Überschrieben, dass für die Webseiten nur die manipulierten Objekte zu existieren scheinen.

4.2 Gegenmaßnahmen

Für die Erweiterung Fingerless wurden drei verschiedene Modi entwickelt, welche dem Internetnutzer unterschiedliche Eigenschaften und Funktionen bereitstellen, mittels derer er seine Anonymität im Internet steigern kann. Dabei wurde auch auf die Benutzerfreundlichkeit dieser Modi geachtet, damit ein sinnvolles und einfaches Bedienen möglich ist.

Abbildung 10: Zeigt die Einstellungsmöglichkeiten zum Schutz vor Browser-Fingerprinting der Erweiterung Fingerless

Modus 1)   Manuelle Editierbarkeit:

Im manuellen Modus kann der Internetnutzer den User Agent und die HTTP Accept Headers beliebig anpassen. In Abbildung 10 sind im oberen Teil des Bildes die besagten Felder zu sehen. Jedes Feld hat dabei den momentanen Wert in der darunterliegenden Textbox stehen. Diese Textbox ist editierbar, sodass ein veränderter Wert mittels der Schaltfläche *Change UserAgent* beziehungsweise *Change Headers* übernommen werden kann. Die anschließend aufgerufenen Webseiten sehen dann nur noch den veränderten Wert. Mit den Schaltflächen *Original UserAgent* beziehungsweise *Original Headers* können die Veränderungen wieder auf die originalen Werte des Browsers

36

zurückgesetzt werden. Der Internetnutzer kann also eine individuelle Anpassung vornehmen. Diese wurde bewusst auf zwei Browser-Merkmale reduziert, da ein kleiner Fehler bei nur einem Browser-Merkmal bereits zu einer eindeutigen Identifizierbarkeit des Browsers führen würde. Dies ist also ein Modus für Experten oder für ambitionierte Internetnutzer, die auf der Seite von Panopticlick [7] einige Experimente durchführen möchten.

Modus 2)   Profil Auswahl:

Der zweite Modus bietet dem Internetnutzer die Möglichkeit vordefinierte Profile auszuwählen, von denen alle eine niedrige gesamt Entropie anstreben. Hierbei kann man zwischen zwei Profilen wählen, wobei jedes Profil Informationen zu sechs verschiedenen Fingerprinting-Methoden verfälscht (User Agent, HTTP Accept Headers, Plugins und MIME-Typen, Zeitzone, Bildschirmauflösung, Plattform). Das erste Profil heißt IPhone und verändert die verschiedenen Merkmale des Browser so, dass diese einem IPhone entsprechen. Aktiviert werden kann dieses Profil durch das Drücken der Schaltfläche *IPhone*, die in Abbildung 10 unten zu sehen ist. Im zweiten Profil, namens Win7, werden die Browser-Merkmale an ein Windows 7 Betriebssystem angepasst. Die Aktivierung erfolgt hierbei durch das Drücken der Schaltfläche *Win7*. Bei beiden Profilen werden die sechs Browser-Merkmale jeweils so manipuliert, dass diese logisch sind und gleichzeitig möglichst niedrige Werte für die Entropie aufweisen. So wird zum Beispiel beim Profil IPhone der User Agent an einen IPhone Browser angepasst und die Plattform an die des IPhones, sodass die Informationen im Ganzen betrachtet einen Sinn ergeben. Dieser Modus bietet dem Internetnutzer die Möglichkeit mit nur einem Klick seinen gesamten Browser einheitlich zu tarnen. Durch das manuelle Wechseln in ein anderes Profil kann der Internetnutzer zusätzlich selbst entscheiden, wann er seinen Browser neu tarnen möchte. Dabei entsteht der Schutz aus der Tatsache, dass die Browser-Merkmale an Geräte angepasst werden, die häufig im Internet vertreten sind. So entsteht eine niedrige gesamt Entropie und die Browser-Merkmale sind untereinander nicht widersprüchlich.

Modus 3) Randomisierung:

Der letzte Modus bietet dem Internetnutzer die Wahl die verschiedenen Merkmale des Browsers in beliebigen Konstellationen zu randomisieren. In Abbildung 10 ist dieser Modus an den Schaltflächen *Random* beziehungsweise *Randomize*, die neben dem jeweiligen Merkmal stehen, zu erkennen. An dieser Stelle können alle sechs Browser-Merkmale (User Agent, HTTP Accept Headers, Plugins und MIME-Typen, Zeitzone, Bildschirmauflösung, Plattform) randomisiert werden, wobei die möglichen randomisierten Werte nach einer möglichst niedrigen Entropie ausgesucht wurden. Hierfür wurden die am meisten benutzten Werte von diversen Onlinestatistiken entnommen [2] [5] [21] und ihre Entropien mittels Panopticlick verglichen. Für jedes Browser-Merkmal wurden so mindestens 10 verschiedene Werte hergeleitet, die vergleichsweise niedrige Entropien aufwiesen. Lediglich bei der Zeitzone wurden alle 24 Zonen berücksichtigt.

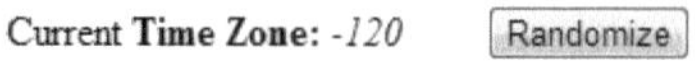

Current **Time Zone**: *-120*   Randomize

Abbildung 11: Zeigt die Schaltfläche zum Randomisieren der Zeitzone

Wird ein Browser-Merkmal nun mittels der dazugehörigen Schaltfläche randomisiert, wird auch der angezeigte Wert aktualisiert, sodass man den randomisierten Wert sofort sehen kann. Ein Beispiel hierfür ist Abbildung 11 zu entnehmen. Hier sieht man den originalen Wert für die Zeitzone (*-120*). Rechts daneben sieht man die Schaltfläche mittels der die Zeitzone randomisiert werden kann. Nach dem Drücken einer solchen Schaltfläche verändert diese ihren Namen und ihre Funktion entsprechend mit.

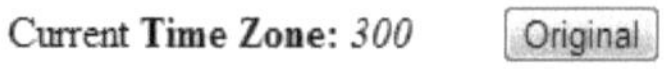

Current **Time Zone**: *300*   Original

Abbildung 12: Zeigt die Schaltfläche zum Randomisieren der Zeitzone, nachdem diese gedrückt worden ist

Diese Veränderung wird in Abbildung 12 dargestellt. Hier steht rechts neben dem randomisierten Wert *300* eine so veränderte Schaltfläche mit dem Namen *Original*. Nach dem erneuten Drücken auf diese Schaltfläche wird der Originalwert gesetzt und die Schaltfläche bekommt wieder den Namen *Randomize* (siehe Abbildung 11). Weiterhin werden in diesem Modus alle als randomisiert gesetzten Werte automatisch nach 20 Seitenaufrufen neu randomisiert. Dies soll dem Benutzer einerseits Komfortabilität und andererseits zusätzliche Anonymität gewährleisten. Durch die automatische Randomisierung der Werte wird eine ständige Veränderung der Browser-Merkmale erzwungen. Resultierend aus dieser Veränderung ändert sich auch der Browser-Fingerprint. Dies hat zur Folge, dass der Nutzer nach allen 20 Seitenaufrufen mit einem neuen Browser-Fingerprint surft und es somit schwerer wird sein Surfverhalten dem richtigen Benutzerprofil zuzuordnen.

Weitere Einstellungen:

Die Erweiterung Fingerless zeigt dem Internetnutzer zusätzlich alle gesetzten Schlüssel/Wert-Paare der Local und Session Storage für die zuletzt geladene Domain und bietet ihm die Möglichkeit, diese per Schaltfläche *Clear* zu löschen. Außerdem kann der Internetnutzer die Cookies an und ausschalten, was über die Schaltfläche *Disable*, die rechts neben der Stelle *Cookies are at the moment* in Abbildung 10 steht, erreicht werden kann.

4.3 Realisierung

Da einige Objekte eine direkte Manipulation nicht zuließen, mussten während der Entwicklung von Fingerless einige Tricks verwendet werden, um die JavaScript-Attribute und -Objekte zu manipulieren.

4.3.1 Manipulation der Objekte *navigator* und *screen*

Im Verlauf der Entwicklung wurde festgestellt, dass die Objekte *navigator* und *screen* nicht auf normalem Wege manipuliert werden konnten. Es war also nicht möglich eine neue Instanz dieser beiden Objekte zu generieren und die Attribute dieser Objekte konnten nicht auf herkömmlichem Weg überschrieben werden (siehe Listing 5).

Listing 5: Zeigt wie in JavaScript Attribute eines Objekts überschrieben werden

```
1  screen.height = 800;
```

Es blieb also nur die Möglichkeit die Objekte komplett zu überschreiben (siehe Listing 6).

Listing 6: Zeigt wie in JavaScript ein Objekt überschrieben wird

```
1  screen = 12;
```

Da die Objekte scheinbar beliebig überschrieben werden konnten, war es also möglich diese mit manipulierten Kopien ihrer Selbst zu überschreiben. Als Nächstes musste also das Problem gelöst werden, eine Kopie des Objekts herzustellen, die manipuliert werden konnte. Listing 7 beschreibt einen Weg, bei dem ein neues Objekt namens *scr* erstellt wird, dass die Attribute *height* und *width* mit den manipulierten Werten besitzt.

Listing 7: Zeigt ein neues Objekt mit den manipulierten Attributen *height* und *width*

```
1  function scr() {
2    //Change attributes
3    this.height = 800;
4    this.width = 1600;
5  }
```

In Listing 8 wird nun das Objekt *screen* mit einer Instanz des Objekts *scr* überschrieben und somit werden auch die Werte *height* und *width* manipuliert.

Listing 8: Zeigt die Überschreibung des Objekts *screen* mit einer Instantz des generierten Objekts *scr*

```
1  //Overwrite screen with the manipulated screen
2  var newScreen = new scr;
3  screen = newScreen;
```

Das so überschriebene Objekt *screen* würde für die Aufrufe *screen.height* und *screen.width* nun die manipulierten Werte *800* und *1600* zurückliefern. Ein weiteres Problem bleibt jedoch bestehen. Das überschriebene Objekt *screen* besitzt nur noch die Attribute *height* und *width*, während das originale Objekt jedoch mehr Attribute besaß. An dieser Stelle entsteht das Problem, dass die Nutzung der anderen Attribute des Objekts *screen* zu einem Fehler in der Webseite führen würde. Dass bedeutet, dass solche Webseiten nicht mehr richtig funktionieren würden.

Um die Kopie des Objekts zu vollenden, müssen in das neu erstellte Objekt *scr* zusätzlich noch die anderen Attribute importiert werden. Listing 9 verdeutlicht wie dieser Prozess von statten geht.

Listing 9: Zeigt ein neues Objekt mit den manipulierten Attributen *height* und *width* und allen anderen Attributen des Objekts *screen*

```
1  function scr() {
2    var erben = screen;
3    //Change attributes
```

40

```
4    this.height = 800;
5    this.width = 1600;
6    //Set other original attributes
7    this[pixelDepth] = erben.pixelDepth;
8    this[availHeight] = erben.availHeight;
9    this[availWidth] = erben.availWidth;
10 }
```

In Zeile 4 und 5 werden wie zuvor die Attribute *height* und *width* gesetzt. Aus Zeile 2 erkennt man, dass das Objekt *scr* vom Objekt *navigator* erbt. Zugriff auf die vererbten Attribute bekommt das Objekt *scr* über die Variable *erben*. In Zeile 7 bis 9 werden nun die Attribute vom Objekt *navigator* öffentlich zugänglich gemacht. Unter Zuhilfenahme einer Schleife kann man diesen Prozess nun für alle Attribute, Funktionen und Unterobjekte automatisieren (siehe Listing 10).

Listing 10: Zeigt den automatisierten Prozess zum Erstellen aller anderen Attribute

```
1  for(i in erben)
2    if(i != "witdh" && ii != "height")
3      this[i] = eval('erben.'+i);
```

An dieser Stelle wird über alle Attribute, Funktionen und Unterobjekte eines Objekts iteriert. In der if-Anweisung wird auf diejenigen Attribute verglichen, welche man manipuliert hat und nicht will, dass diese vom originalen Objekt übernommen werden. In unserem Fall also die Attribute *height* und *width*. Alle anderen Attribute werden in Zeile 3 öffentlich zugänglich gemacht. Den gesamten Code, um im Objekt *screen* die Attribute *height* und *width* zu manipulieren, kann man nun Listing 11 entnehmen.

Listing 11: Zeigt den gesamten Code für die Manipulation des Objekts *screen*

```
1  function scr() {
2    var erben = screen;
3    //Change attributes
4    this.height = 800;
5    this.width = 1600;
6    //Set other original attributes
7    for(i in erben)
8      if(i != "witdh" && ii != "height")
9        this[i] = eval('erben.'+i);
10
```

41

```
11 | }
12 | //Overwrite screen with the manipulated screen
13 | var newScreen = new scr;
14 | screen = newScreen;
```

Diese Methode kann außerdem Analog für das Objekt *navigator* verwendet werden.

4.3.2 Manipulation des Objekts *Date*

Bei dem Objekt *Date*, dass verändert werden muss, um die Zeitzone des Browser zu manipulieren, wird die prototype-Eigenschaft des Objekts verwendet. Über diese Eigenschaft können Attribute und Funktionen von zukünftig instanziierten Objekten verändert werden. In Listing 12 sieht man den JavaScript-Code, der verwendet wird, um im Objekt *Date* den Rückgabewert der Funktion *getTimezoneOffset* zu verändern.

Listing 12: Zeigt am Beispiel des Objekts *Date* wie die prototype-Eigenschaft verwendet werden kann, um Funktionen des Objekts zu verändern

```
1 | Date.prototype.getTimezoneOffset = function() {return newTimeZone;};
```

Hier wird die Funktion *getTimezoneOffset* des Objekts *Date* überschrieben. In der Abbildung wird der Rückgabewert dabei auf *newTimeZone* gesetzt, welches eine zuvor definierte Variable ist. Jedes *Date*-Objekt, dass nach diesem Code instanziiert wird, besitzt die veränderte *getTimezoneOffset*-Funktion.

4.3.3 Manipulation der Local und Session Storage

Um die Local und Session Storage für eine Domain zu leeren, wird auch ein Trick benutzt. An dieser Stelle werden die Befehle *sessionStorage.clear()* und *localStorage.clear()* verwendet, um die jeweilige Storage zu leeren. Diese müssen jedoch im Kontext der Domain ausgeführt werden, sodass diese Befehle auf die Weise wie, sie in Kapitel 4.1 beschrieben wurden, in die Webseite eingeschleust werden müssen. Die beiden Befehle müssen dabei als Letztes ausgeführt werden, um zu verhindern, dass nach dem Leeren der Storage die Domain in diese noch etwas reinschreiben kann. Dieses Problem wird gelöst, indem man eine Verzögerung in das Einschleusen der beiden Funktion integriert. Ermöglicht wird dies über den Befehl *window.setTimeout("Funktion()", Zeit)* mittels dessen Hilfe man eine Funktion nach einer bestimmten Zeit ausführen kann.

42

4.3.4 Manipulation des User Agents und der HTTP Accept Headers

Bei der Manipulation des User Agents und der HTTP Accept Headers wurde auch eine Besonderheit verwendet. Hier wurde eine von Chrome zur Verfügung gestellte Methode verwendet, um die Informationen vor dem Absenden zu manipulieren. Listing 13 beschriebt wie die Methode von Chrome verwendet werden muss, um den User Agent zu manipulieren.

Listing 13: Zeigt die von Chrome zur Verfügung gestellte Methode, um die HTTP Header vor dem Absenden durch den Browser zu manipulieren

```
1   chrome.webRequest.onBeforeSendHeaders.addListener(function(details) {
2       var headers = details.requestHeaders;
3       for(var i = 0, l = headers.length; i < l; ++i) {
4           //UserAgent
5           if( headers[i].name === 'User-Agent' ) {
6               //Change UserAgent to a new UserAgent if one exists
7               if(localStorage['domNewUserAgent'])
8                   headers[i].value = localStorage['domNewUserAgent'];
9           }
10      }
11      return {requestHeaders: headers};;
12  }, {urls: ["<all_urls>"]}, ["blocking", "requestHeaders"]);
```

Über den Befehl in Zeile 1 wird ein Listener implementiert, der jedes mal bevor die HTTP Header gesendet werden, den Code von Zeile 2 bis 10 ausführt. In Zeile 2 bis 3 wird eine Schleife erstellt, die über alle HTTP Header iteriert. Zeile 5 bis 9 beschreiben den Manipulationsprozess für den User Agent. Hier wird der Name des Headers auf *User-Agent* verglichen (Zeile 5) und falls dies der Fall ist, der Wert des Headers mit dem Eintrag der Local Storage überschrieben (Zeile 8). So wird gewährleistet, dass bei jedem Senden der Header, der manipulierte User Agent, gesendet wird. Analog kann man so auch die anderen Header, wie zum Beispiel die HTTP Accept Headers, manipulieren.

4.4 Evaluation

Die Funktionsweise der einzelnen Modi von Fingerless wurden mittels zwei Webseiten getestet, die es einem ermöglichen, einen Fingerprint des eigenen Browsers herzustel-

43

len [12] [7]. Dabei wurde getestet, ob die Webseiten tatsächlich nur die manipulierten Daten empfangen und ob die einzelnen Methoden zuverlässig funktionieren. Weiterhin wurden die Methoden in allen möglichen Variationen gemeinsam getestet und geprüft, ob bei Kombinationen Probleme entstehen. Bei den Tests ließen sich keine Probleme feststellen und auch alle Methoden und Modi funktionierten einwandfrei. Zusätzlich wurde die Entropie der Profile und der randomisierten Werte anhand von Panopticlick so gewählt, dass diese möglichst kleine Entropien besaßen [7]. Dafür wurden verschiedene Statistiken aus dem Internet herangezogen, um von diesen die Werte mit der meisten Verbreitung im Internet zu bekommen [2] [5] [21] [5]. Von diesen Werten wurde dann die Entropie berechnet und diese zusätzlich mit den durchschnittlichen Ergebnissen von Panopticlick verglichen. Somit wurden nach Möglichkeit nur Werte genommen die signifikant kleiner waren.

5 Fazit und Ausblick

Der Internetnutzer ist für seine Privatsphäre im Internet selbst verantwortlich. Das bedeutet, dass jeder selbst aktiv versuchen muss, seine Privatsphäre zu schützen. Viele Unternehmen spionieren Internetnutzer aus und erstellen Benutzerprofile mit sensiblen und privaten Daten. Neben den klassischen Tracking-Methoden bietet das Browser-Fingerprinting eine Möglichkeit den Internetnutzer, mittels der Einzigartigkeit seines Browsers, eindeutig zu identifizieren. Bei dieser neuen Art des Browser-Tracking kann man den Internetnutzer ausspionieren, ohne dass dieser etwas davon mitbekommt. Während zum Schutz vor klassischem Browser-Tracking bereits einige Browser-Erweiterungen erhältlich sind, existieren gegen das Browser-Fngerpriting so gut wie keine Browser-Erweiterungen. In diesem Zusammenhang wurden in Kapitel 3 einige Browser-Erweiterungen vorgestellt, die den Schutz der Privatsphäre steigern sollen. Es wird außerdem eine Chrome-Erweiterung namens Fingerless in Kapitel 4 ausführlich beschrieben, welche während dieser Arbeit entwickelt wurde. Sie ist eine Prototyperweiterung, die verschiedene Möglichkeiten bietet, sich vor Browser-Fingerprinting zu schützen. Da Fingerless lediglich eine Prototyperweiterung darstellt, kann hier nicht von einem 100% Schutz gesprochen werden. Dennoch kann durch sie die Privatspähre im Internet gesteigert werden.

Es gibt bereits einige Ideen, Fingerless in Zukunft noch zu verbessern. Zum einen fehlt noch die Möglichkeit die Schriftarten zu manipulieren und zu verschleiern. Zum anderen wurden noch keine Mittel zur Manipulation der Fingerprinting-Methoden aus Kapitel 3.2 implementiert. Weiterhin können diese Browser-Merkmale zusätzlich auf die verschiedenen Modi abgestimmt werden. Hier müsste man die Browser-Merkmale passend zu den Profilen abstimmen und auch im randomisierten Modus eine Übereinstimmung der Browser-Merkmale erreichen. Ein Beispiel hierfür wäre es, beim Randomisieren des User Agents auch das JavaScript-Attribute *navigator.userAgent* passend zu setzten, sodass keine Unstimmigkeiten, die einen identifizieren könnten, entstehen. Außerdem können an dieser Stelle die randomisierten Werte besser aufeinander abgestimmt werden. Weiterhin kann der randomisierte Modus um eine größere Anzahl an randomisierten Werten erweitert werden. Auch das automatische Erneuern der randomisierten Werte könnte an die Sitzung einer Webseite angepasst und um einen manuell anpassbaren Wert ergänzt werden. Der randomisierte Modus kann dahingehen verbessert werden, als dass man versuchen würde, eine höhere Veränderbarkeit der Browser-Merkmale zu erreichen, da dies laut der Forschungsgruppe Panopticlick einen guten Schutz vor Browser-Fingerprinting darstellen soll [6]. Zu guter Letzt kann die Anzahl der Profile erhöht werden, um dem Nutzer eine größere Vielfalt anzubieten.

Literatur

[1] Information zur JavaScript Geolocation, August 2012. http://9elements.com/html5demos/geolocation/.

[2] Statistik über User Agents, August 2012. http://whatsmyuseragent.com/CommonUserAgents.asp.

[3] Y. Cao and Y. Chen. Virtual Browser : a Virtualized Browser to Sandbox Third-party JavaScripts with Enhanced Security. 2012.

[4] Dave Sherfesee, Greg Orelind, Ron Shalhoup, Steve Dawson. Top Webseiten, August 2012. http://www.alexa.com/.

[5] David Pearson, Business Development Manager. Statistik über User Agents, August 2012. http://techblog.willshouse.com/2012/01/03/most-common-user-agents/.

[6] P. Eckersley. How Unique Is Your Web Browser ?

[7] P. Eckersley. Webseite zum herstellen eines Browser-Fingerprints, August 2012. https://panopticlick.eff.org/.

[8] M. I. Fomitchev. How google analytics and conventional cookie tracking techniques overestimate unique visitors. *Proceedings of the 19th international conference on World wide web - WWW '10*, page 1093, 2010.

[9] Google. Funktion: executeScript(), August 2012. http://developer.chrome.com/extensions/tabs.html.

[10] C. Jackson, A. Bortz, D. Boneh, and J. C. Mitchell. Protecting browser state from web privacy attacks. *Proceedings of the 15th international conference on World Wide Web - WWW '06*, page 737, 2006.

[11] Kamkar, Samy. Webseite von Evercookie, August 2012. http://samy.pl/evercookie/.

[12] Karoly Boda. Webseite zum herstellen eines Browser-Fingerprints, August 2012. http://fingerprint.pet-portal.eu/?lang=en.

[13] B. Krishnamurthy and C. E. Wills. On the Leakage of Personally Identifiable Information Via. pages 7–12, 2009.

[14] S. Mittal. User Privacy and the Evolution of Third-Party Tracking Mechanisms on the World Wide Web. *SSRN Electronic Journal*, 2012.

[15] D. u. Y. S. u. S. H. Mowery, Keaton und Bogenreif. Fingerprinting Information in JavaScript Implementations.

[16] W. Palant. Offiziele Webseite von AdBlock, August 2012. http://adblockplus.org/de/.

[17] F. Roesner, T. Kohno, and D. Wetherall. Detecting and Defending Against Third-Party Tracking on the Web. (Nsdi), 2012.

[18] A. Soltani, S. Canty, Q. Mayo, L. Thomas, and C. J. Hoofnagle. Flash Cookies and Privacy. *SSRN Electronic Journal*, pages 1–8, 2009.

[19] S. Street and S. Francisco. Cleaning Up After Cookies Version 1.0. pages 1–12, 2008.

[20] Verein SELFHTML e.V. JavaScript/DOM - Objektreferenz - screen, August 2012. http://de.selfhtml.org/javascript/objekte/screen.html.

[21] W3Schools. Statistik zur Bildschirmauflösung, August 2012. http://www.w3schools.com/browsers/browsers_display.asp.

ABBILDUNGSVERZEICHNIS

49

TABELLENVERZEICHNIS

LISTINGSVERZEICHNIS

Printed by Books on Demand GmbH, Norderstedt / Germany